Patricia
Morgenthaler

Materialien • Techniken • Ideen für Möbel und Accessoires

Shabby Chic

Vorwort

Im Laufe meines Lebens habe ich schon einige Floh- und Trödelmärkte auf der Suche nach kleinen Schätzen und Kostbarkeiten für meine Wohnung durchstöbert. Für mich strahlen abgewohnte, alte Stücke einen besonderen Charme aus. Jedes Stück abgeplatzte Farbe, jeder Kratzer, jede Schramme erzählt eine eigene Geschichte und zeigt die Lebendigkeit, die in diesen alten Schönheiten noch steckt. Beim Shabby Chic sind abgeblätterte Farbe, Wurmlöcher, Rost oder Patina und Schrammen kein Makel. Im Gegenteil: Sie erst machen den Charakter eines Möbelstückes aus.

Ich möchte Ihnen in diesem Buch zeigen, wie Sie den Charme alter Möbelstücke wieder aufleben lassen und aus neuen Möbeln reizvolle Einzelstücke zaubern können. Ich möchte Sie dazu inspirieren, sich auf Floh- und Trödelmärkten auf die Suche nach alten Kostbarkeiten zu begeben oder in neue Dinge ein Stück Vergangenheit hineinzuinterpretieren und herauszuarbeiten. Halten Sie die Augen stets offen für die Unvollkommenheit der Dinge und Sie werden wahre Schätze finden.

Ich hoffe, dass Sie durch mein Buch viele Ideen und Inspirationen zum Nacharbeiten finden und wünsche Ihnen ganz viel Freude und stets gutes Gelingen.

Ihre

Patricia Morgenthaler

Stilkunde

Shabby Chic (deutsch: schäbiger Schick), das sind alte Möbel mit nostalgischem Charme und ganz eigener Geschichte. Die Zeit ist an diesen guten alten Stücken nicht spurlos vorübergegangen. Kratzer, abgeplatzte Farbe, etwas Rost und die eine oder andere Schramme geben dem Möbelstück einen ganz persönlichen Stil.

Der beliebte Wohn- und Einrichtungstrend aus England und Skandinavien erobert immer mehr auch unsere Wohnzimmer und Lebensräume. Damit Ihnen Ihre Projekte und Einrichtungsideen im Shabby Chic gelingen, sollten Sie ein paar Grundregeln beachten. Ich möchte Ihnen daher ein paar nützliche Tipps zu den Farben, Mustern, Materialien, Möbelstücken und typischen Accessoires geben.

Farben, Muster, Materialien

Im Bereich der Möbel reicht die Farbgebung von Weiß und Cremefarben über Grün- und Blautöne (wie etwa Türkis, Mintgrün, Hellblau und Flieder) bis hin zu sanftem Rosa. Die Farbtafel rechts gibt Ihnen einen kleinen Überblick über häufig verwendete Farben und hilft Ihnen beim Kombinieren.

Wie Sie sehen, harmonieren die hellen Farbtöne wunderbar mit dem dunklen Braunton unten rechts. Dieser wird im Shabby Chic allerdings nur sehr sparsam verwendet. So lässt sich z. B. ein weißer Tisch mit brauner Holzplatte in eine sonst hauptsächlich in Weiß oder Creme gehaltene Möblierung wunderbar integrieren. Aber auch Accessoires in dunkleren Brauntönen, wie z. B. Weidenkörbe oder alte Holzkisten, finden im Shabby Chic ihren Platz und setzen Akzente. Generell sollten Sie jedoch darauf achten, dass Sie bei den Möbeln und Einrichtungsgegenständen kein zu buntes Sammelsurium zusammenstellen. Creme und Weiß sind die Basis und sollten die anderen Farben und Töne deutlich dominieren. Bei den Accessoires und Dekorationen darf es hingegen etwas bunter zugehen.

Neben den Farben spielen im Shabby Chic zarte Muster und romantische Motive eine wichtige Rolle. Ob diese als kleine Applikation (wie etwa die Rosen auf dem Kleiderbügel von Seite 47) oder aber großzügig in der Fläche verwendet werden (wie etwa bei den Pappdosen auf Seite 37), bleibt Ihrem Geschmack überlassen. Typische Muster sind Ornamente, Punkte, Karos, Streifen und Rosenmotive (siehe Bildleiste links). Letztere finden sich häufig auf Baumwollstoffen wieder und sind ein absolutes Muss!

Kombinieren Sie die gemusterten Stoffe z. B. mit altem Leinen, feiner Häkelspitze, dekorativen Bändern oder verspielten Bordüren. Sehr hübsch und einfach anzufertigen sind z. B. Kissenhüllen, auf welchen eine Spitzenbordüre oder einfach ein kleines Spitzendeckchen aus Omas Beständen aufgenäht wird. Ansonsten sind Holz, Metall, Email und Keramik hervorragende Materialien für den Shabby Chic. Auch Naturmaterialien wie Weide oder Rosen (frisch oder getrocknet) lassen sich herrlich damit kombinieren.

Möbel und Accessoires

Wahre Fundgruben für Möbel und Accessoires im Shabby Chic sind Flohmärkte, Trödelhändler oder der Sperrmüll. Hier lassen sich zuweilen echte Schätze entdecken. In diesem Buch zeige ich Ihnen jedoch vor allem, wie Sie neue Stücke in „alte Raritäten" verwandeln können.

Möbelstücke, die sich für den Shabby Chic eignen, sind möglichst schlicht, einfach und geradlinig in ihrer Form. Verzierungen und Schnörkel sollten besser nur dezent vorhanden sein. Wenn Sie alte Möbel zusammentragen, die Sie nicht oder nur wenig aufarbeiten möchten, achten Sie unbedingt darauf, dass diese farblich zum Shabby Chic passen (siehe Farbtafel auf Seite 9). Allen anderen Möbelstücken können Sie selbst einen geeigneten Anstrich geben.

Die Einrichtungen und Dekorationen im Shabby Chic sollten immer zufällig und natürlich wirken. Allzu akkurate Arrangements passen nicht zu diesem Stil. Lässig und bequem ist hier die Devise. Daher werden Sessel und Sofas mit weißen, locker sitzenden Überwürfen verdeckt. Bilderrahmen oder Spiegel lehnen Sie einfach an die Wand, statt sie ordentlich aufzuhängen. Und als Ordnungshüter für Kleinkram und Zeitschriften verwenden Sie z. B. alte Blechdosen und Weinkisten.

Arrangieren Sie bunte Wiesenblumen üppig in einer Vase oder sammeln Sie verschiedene Naturmaterialien, wie z. B. kleine Äste, Kastanien, Steine oder Muscheln, und legen Sie diese in eine Schale. Perfekte Accessoires sind außerdem alte Zinkgießkannen, Kronleuchter, Blechtafeln, nostalgische Familienfotos, Postkarten aus vergangenen Zeiten, Herzen in jeder erdenklichen Variante sowie Pappschachteln in allen Formen und Größen. Dazu passen Körbe, Blumenkübel und Kränze aus Weide. Ein weiteres Muss im Shabby Chic sind weiße oder cremefarbene Blockkerzen in verschiedenen Größen, Patchworkdecken mit romantischem Rosenmuster sowie Kissen, Kissen, Kissen.

Es gibt unendlich viele Möglichkeiten im Shabby Chic und Ihrer Fantasie sind kaum Grenzen gesetzt. Wenn Sie die wenigen Dos und Don'ts auf der nächsten Seite beachten, können Sie im Grunde keinen Fehler machen. Wichtig ist, dass Sie sich wohlfühlen. Achten Sie nur darauf, dass Sie kein allzu wildes Sammelsurium zusammentragen. Es soll bei Ihnen ja nicht wie auf dem Flohmarkt oder beim Trödelhändler aussehen.

Dos and Don'ts des Shabby Chic

Dos	Don'ts
Bleiben Sie bei Möbeln und Accessoires in der hellen Farbwelt der Tafel auf Seite 9 und setzen Sie ein paar wenige Akzente in dunklen Brauntönen.	Vermeiden Sie schrille Muster und Farben. Kräftigere Farben sollten nur als Eyecatcher verwendet werden – und das auch nur dann, wenn sich die Wohnungseinrichtung durchgängig in einem weißen Konzept präsentiert.
Verwenden Sie bei Kissen, Decken und Überwürfen zarte Muster wie Rosen, Ranken und Ornamente und kombinieren Sie dazu Karo-, Punkt- und Streifenmuster.	Richten Sie sich nicht zu bunt ein. Auch wenn in der Farbtafel auf Seite 9 zahlreiche Farben abgebildet sind: Die Grundfarben sind und bleiben Weiß und Creme.
Decken Sie Sofas und Sessel mit weißen Überwürfen und Bezügen ab, die Sie locker und leger um die Sitzmöbel drapieren.	Drapieren Sie auf einem Sofa niemals nur ein kleines Kissen in die Ecke, sondern gruppieren Sie mehrere Kissen zu einem Arrangement. Es darf ruhig etwas mehr sein.
Sorgen Sie mit Kerzenschein für romantisches Licht, indem Sie dicke Blockkerzen z. B. auf einem alten Teller oder Tablett arrangieren. Oder stellen Sie Laternen auf.	Die Wandfarbe sollte nicht zu kräftig sein, also bitte keine knallrote Wand! Hier sind zarte, dezente Farben ein Muss, z. B. Weiß oder Creme.
Bekleben Sie Pappschachteln mit Stoffen oder Papieren und verzieren Sie sie mit hübschen Bändern und Bordüren. Auch alte Holzkisten oder Blechdosen geben einen dekorativen Stauraum.	Nicht alles passt zu allem. Seien Sie konsequent bei der Auswahl der Möbel und Accessoires. Kombinieren Sie nicht wild die verschiedensten Stile oder Alt und Neu. Achten Sie darauf, dass ein harmonischer Gesamteindruck entsteht.
Achten Sie darauf, dass die verwendeten Möbel und Accessoires „schäbig" aussehen, also abgenutzt und gebraucht. Rost, rissige oder abblätternde Farbe, Patina und kleine Schrammen sind erwünscht.	Versuchen Sie nicht, einen modernen Glastisch mit chromblitzendem Unterbau mit dem Shabby Chic zu kombinieren. Chrom hat hier keinen Platz. Auch kühle Designer-Stücke, Kunststoff oder schwarzes Leder passen nicht zu diesem Stil.

Hinweis

Wer nicht selbst Kissenhüllen nähen möchte, kann z. B. fertige Hüllen mit Bändern, Bordüren oder Spitzendeckchen verzieren. Diese können ganz einfach und schnell mit Textilkleber auf der Kissenhülle befestigt werden.

Grundlagen

Typisch für den Shabby Chic sind Möbel und Accessoires, die verwohnt und abgenutzt wirken. Dies wird durch verschiedene Techniken erzielt, z. B. durch das Auftragen unterschiedlicher Farbschichten und das anschließende Abschleifen, sodass die untere Farbschicht zum Teil wieder sichtbar wird. Aber auch Verzierungen mit Schablonen, Stempeln oder Applikationen sind charakteristisch für diesen Stil.

Bevor Sie neue Farbe auftragen und Verzierungen anbringen, müssen die Accessoires und Möbelstücke jedoch zuerst vorbereitet werden, indem Oberflächen angeschliffen, alte Lacke entfernt oder unliebsame Bewohner wie Holzwürmer vertrieben werden. Auf den folgenden Seiten erfahren Sie daher alles Wissenswerte zu den Hilfsmitteln, Werkzeugen und Techniken des Shabby Chic.

100

Lacke und Farben

Hinweise

Nehmen Sie tiefe Papp- oder Plastikteller, um Farben anzurühren oder mit dem Pinsel aufzunehmen. So lässt sich die Farbe besser dosieren.

Streifen Sie die Pinsel nicht am Rand der Lackdosen ab, da sich sonst die Deckel oft nicht mehr richtig schließen lassen. Kleben Sie einfach einen Malerkreppstreifen quer über die Öffnung der Dose und streifen Sie daran die überschüssige Farbe ab. So halten Sie den Rand sauber!

Möbelwachs schützt Holzoberflächen und erhält dabei ihre Ursprünglichkeit und Atmungsfähigkeit. Es gibt feste Pasten und zähflüssige Balsame. Sie setzen sich aus Bienen- und Pflanzenwachsen zusammen, zum Teil auch mit pflanzlichen Ölen und Harzen kombiniert. Nach dem Wachsen erhält die Holzoberfläche ein seidenglänzendes Erscheinungsbild. Holzöle auf pflanzlicher Basis haben den gleichen Effekt. Sie eignen sich als Vorbehandlung vor einem Wachsanstrich oder als Endbehandlungsmittel.

Lasuren sind Farben, die den Holzuntergrund nicht abdecken, sondern die Maserung des Holzes noch durchscheinen lassen. Sie können Lasuren auf Wasserbasis oder lösungsmittelhaltige Lacklasuren verwenden.

Krakelierlack, auch Reißlack genannt, erzielt beim Trocknen des darüber liegenden Farbauftrags künstliche Risse, sodass die darunterliegende Grundierung wieder sichtbar wird.

Klarlack ist ein transparenter, lösungsmittelhaltiger Lack und in verschiedenen Glanzgraden erhältlich: hochglänzend, seidenglänzend und matt. Sie können ihn z. B. verwenden, um Acrylfarbe wetterbeständig zu machen.

Patina-Medium erzeugt eine künstliche Alterung. Patina-Medium auf Acrylbasis erinnert von der Konsistenz an Acrylfarbe. Es kann bei Bedarf mit Wasser verdünnt werden. Patina-Medium auf Ölbasis gibt es bereits fertig gemischt oder als Set aus Öl und Acrylfarbe, die miteinander vermischt werden müssen. Außerdem gibt es Patina in flüssiger Form, die sich wie eine Lasur verarbeiten lässt.

Rost-Finish besteht aus zwei Komponenten: Eisengrund und Oxidationsmittel. Die beiden Komponenten sind im Fachhandel oft schon im Set erhältlich. Die Grundierung ist meist dunkelbraun bis schwarz und erinnert an Acrylfarbe. Das Oxidationsmittel ist meist eine grünliche Flüssigkeit und bringt die Grundierung zum Rosten.

Acrylfarben erzielen unverdünnt einen deckenden Farbauftrag. Wenn Sie die Farbe mit Wasser verdünnen, ergibt sich hingegen ein lasierender Farbauftrag. Sie eignet sich hervorragend zum Grundieren, für die verschiedenen Schleiftechniken (siehe Seite 26/27) sowie zum Stempeln, Schablonieren und Aufmalen von Details.

Buntlacke erzielen einen deckenden Farbauftrag und schützen zugleich das Holz. Mit der Sprühdose lässt sich der Lack auch auf unebene Flächen, wie z. B. bei Korbwaren, aufbringen. Die Lacke werden in zwei Kategorien unterschieden: Acryllacke und Kunstharzlacke. Acryllacke sind wasserverdünnbar und geruchsarm. Kunstharzlacke (Alkydlacke) basieren auf Leinöl und sind als Lacke für den Innen- und für den Außenbereich, für Holz und Metall erhältlich. Es gibt sie in hochglänzend, seidenglänzend und matt.

Weiche Flachpinsel in verschiedenen Größen sind ideal geeignet, um Farben, Lacke und Lasuren aufzutragen: breite Pinsel für große Flächen, schmale für kleine Flächen und Kanten. Mit dem Malerkreppband lassen sich Stellen abkleben, die nicht mit Farbe bedeckt werden sollen – zum Beispiel Kanten.

Hinweise

Wenn Sie ein Streifenmuster erzielen möchten, kleben Sie die Oberfläche vor dem Anstreichen einfach in gleichmäßigen Abständen mit dem Malerkreppband ab.

Wenn Sie mit lösungsmittelhaltigen Lacken arbeiten, waschen Sie die Pinsel am besten mit Terpentin oder mit einem Pinselreiniger aus.

Werkzeuge und Hilfsmittel

Mit dem **Heißluftföhn** können dicke Lackschichten abgelöst und mithilfe eines Malerspachtels abgetragen werden. Zum Auffangen der entfernten, heißen Lackschichten halten Sie am besten eine Metallschüssel bereit.

Abbeizer sind chemische Mittel zum Entfernen alter Farbaufträge. Sie werden als Pulver, Paste oder in flüssiger Form angeboten. Lösungsmittelhaltige Abbeizer sind für alle normalen Dispersionsfarben, Speziallacke, Alkydharzlacke und Acryllacke geeignet. Alkalische Abbeizer oder Laugen wirken nur auf Öllacken und Alkydharzlacken – Acryllacke auf Wasserbasis und Dispersionsfarben können nicht behandelt werden.

Einen **Malerspachtel** benötigen Sie zum Abschaben von Farbresten beim Arbeiten mit dem Heißluftföhn oder dem Abbeizer und zum Entfernen von Kerzenwachs bei der Wachstechnik (siehe Seite 54).

Ein **Cutter** ist das optimale Hilfsmittel, um Kerben und Macken in die Oberflächen zu schneiden. Besonders gut funktioniert dieser Effekt an Ecken und Kanten.

Mit einer **Drahtbürste** lassen sich einerseits abblätternde Farbe und Farbreste in Verzierungen entfernen, andererseits lassen sich damit künstlich abgenutzte Stellen auf Flächen und Kanten erzeugen.

Eine **Bohrmaschine** mit Stahlbürstenaufsatz hilft beim Entfernen von Farbresten in Verzierungen, Vertiefungen oder Kanten.

Schleifpapiere gibt es in verschiedenen Stärken: Je größer die Zahl, die auf der Rückseite angegeben ist, desto feiner die Körnung. Schleifpapier mit einer Körnung von 80 wird für den groben Vorschliff von Holz verwendet und zum Abschleifen alter Lackschichten. Papiere mit einer Körnung von 120 und 180 werden zum Feinschliff von Holz und Furnieren verwendet.

Schwing- oder Eckschleifer sind nützliche Helfer, wenn Sie größere Flächen abschleifen oder bearbeiten wollen.

Hinweis

Es gibt zwei verschiedene Anwendungen, für die Sie diese Werkzeuge und Hilfemittel benötigen: einmal, wenn Sie die komplette Farbe eines alten Möbelstückes abtragen möchten, um ihm einen neuen Anstrich zu geben, und einmal, um typische Shabby Chic-Effekte zu erzielen, wie Macken oder abgenutzte Stellen.

Dekore und Verzierungen

Hinweise

Wenn Sie Zierleisten im rechten Winkel aneinandersetzten möchten, benötigen Sie eine Gehrungsschneidlade zum schrägen Ansägen der Leisten. So lassen sie sich passgenau aneinanderfügen.

Wenn Sie nur einen Teilbereich einer Schablone auf das Werkstück übertragen möchten, kleben Sie am besten die angrenzenden Motive mit Malerkreppband ab.

Découpagepapier mit schönen floralen oder ornamentalen Motiven ist wunderbar geeignet, um damit Ihre Möbel und Accessoires flächig zu verzieren – oder Sie verwenden nur einzelne Motive. Auch Serviettenmotive eignen sich hervorragend zum Veredeln und Setzen von Akzenten durch einzelne Motive.

Spitze, Bordüren und dekorative Bänder sind immer ein Eyecatcher und eigenen sich besonders für Accessoires.

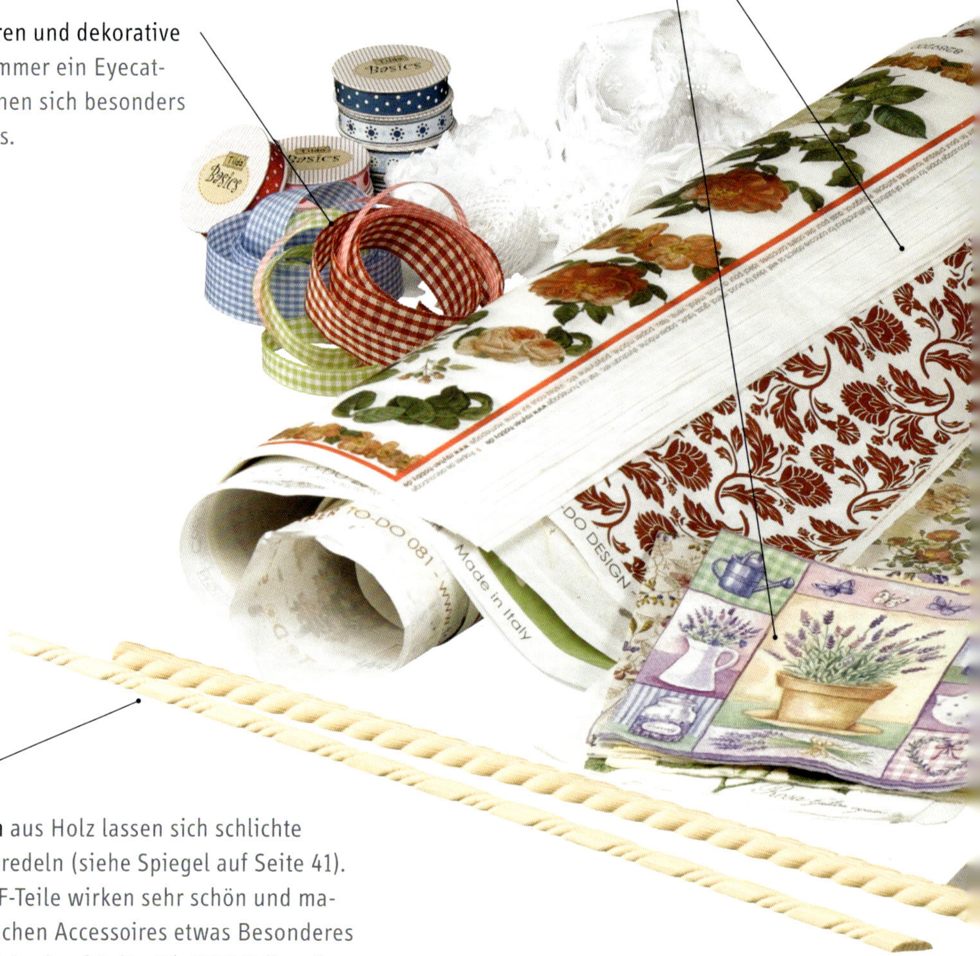

Mit **Zierleisten** aus Holz lassen sich schlichte Werkstücke veredeln (siehe Spiegel auf Seite 41). Aber auch MDF-Teile wirken sehr schön und machen aus einfachen Accessoires etwas Besonderes (siehe Kleiderbügel auf Seite 47). MDF-Teile oder Zierleisten aus Holz sind in verschiedenen Größen und Mustern im Fachhandel oder Baummarkt erhältlich.

Klebstoffe wie wiederablösbarer Sprühkleber und Holzleim sind nützliche Helfer. Mit dem Sprühkleber können Schablonen auf den Werkstücken fixiert werden, mit Holzleim können Zierleisten oder kleine MDF-Teile aufgeklebt werden.

Découpagekleber und **Découpagelack** benötigen Sie zum Aufbringen und Versiegeln feiner Papiermotive. Mit einem speziellen Lack für die Serviettentechnik können Sie Ihre Möbel und Accessoires auch mit hübschen Details aus Servietten verzieren.

Mit **Stempeln** in verschiedenen Ausführungen (Schaumstoff, Gummi oder Acryl) lassen sich kleine und größere Motive aufbringen. Typisch sind z. B. Ornamente, Rosen oder andere Motive aus der Natur. Schaumstoff-Stempel sind vielseitig einsetzbar (z. B. auf Holz, Stoffen oder Keilrahmen) und einfach in der Handhabung. Gummi- und Acrylstempel eignen sich für Papier und Holz.

Schablonen und **Schwammstupfpinsel** benötigen Sie für Verzierungen und dekorative Elemente in der Schabloniertechnik. Im Fachhandel gibt es eine Vielzahl an Schablonen aus strapazierfähigem Polyester mit verschiedensten Motiven und Mustern, mit denen Sie konturenscharfe Ergebnisse erzielen können. Manche Schablonen sind sogar selbstklebend.

Grafitpapier hilft beim Übertragen von Vorlagen auf das Werkstück.

Hinweise

Verwenden Sie feine Rundpinsel mit spitz zulaufenden Borsten, wenn Sie von Hand kleine Verzierungen aufmalen möchten.

Gestalten Sie sich Ihren eigenen Stempel: Einfach das gewünschte Motiv aus Moosgummi ausschneiden, auf ein Stück Holz aufkleben und fertig ist Ihr Unikat.

Oberflächen vorbereiten

Das brauchen Sie dazu:

- Schleifpapier, Körnung 80, 120, 180
- Schleifklotz
- Schleifmaschine
- Stahlbürste
- Bohrmaschine oder Dremel® mit Stahlbürstenaufsatz
- Handbesen oder Flachpinsel

Hinweise

Fixieren Sie das Schleifpapier mit einer Schraube seitlich am Schleifblock, dann kann es Ihnen auch bei längerem Arbeiten nicht verrutschen.

Für Verzierungen (wie etwa Schnitzereien oder Zierleisten) eignet sich eine Stahlbürste. Wenn die Verzierungen sehr filigran oder fein sind, ist eine Bohrmaschine oder ein Dremel® mit Stahlbürstenaufsatz hilfreich.

Der Dreieckschleifer ist von Vorteil, wenn es um kleine Flächen oder schwer zugängliche Stellen geht. Bei größeren Flächen ist man mit einem Schwingschleifer gut beraten.

Falls Sie kein elektrisches Schleifgerät besitzen, empfehle ich Ihnen, in einem Baumarkt nach Leihgeräten zu fragen.

Bevor Sie mit dem Gestalten Ihrer Objekte beginnen, müssen Sie zunächst den Untergrund vorbereiten. Entfernen Sie dazu bei neuen oder unbehandelten Stücken mit Schleifpapier abstehende Holzfasern. Glatte Oberflächen rauen Sie dagegen etwas mit Schleifpapier an, damit Sie die Farbe gut aufnehmen können. Wickeln Sie das Schleifpapier dazu um den Schleifblock und arbeiten Sie immer in Richtung der Holzmaserung. Anschließend den Schleifstaub gut entfernen.

Bei alten Möbelstücken prüfen Sie die vorhandene Lackschicht. Wenn diese noch gut in Schuss ist, genügt es, wenn Sie sie etwas mit Schleifpapier aufrauen (Körnung 80 und 120). Wenn nicht, dann müssen Sie den alten Lack entfernen. Dazu nehmen Sie bei großen Flächen am besten eine Schleifmaschine. Bei kleinen Flächen sind Schleifpapier und Schleifklotz ausreichend.

Arbeiten Sie auch hier immer in Richtung der Holzmaserung und nicht kreuz und quer, damit Sie keine unnötigen Kratzer und Beschädigungen im Holz verursachen. Üben Sie dabei einen gleichmäßigen, nicht zu starken Druck aus und entfernen Sie nach dem Schleifen den Schleifstaub gründlich mit einem Handbesen oder Flachpinsel aus allen Poren.

Lacke entfernen mit dem Heißluftföhn

Eine Alternative zur Schleifmaschine ist der Heißluftföhn. Hierzu müssen Sie die Düse des Föhns ca. 5–10 cm von der Oberfläche entfernt halten, bis der Lack Blasen wirft. Dann können Sie den angelösten Lack mit einem Spachtel Schritt für Schritt entfernen. Gehen Sie dabei vorsichtig vor: Der Lack ist sehr heiß! Sie sollten die abgeschabten Stücke daher in einer feuerfesten Metallschale auffangen und keine leicht entflammbaren Gegenstände in der Nähe haben. Eventuelle Farbreste sollten vor der weiteren Behandlung der Oberfläche abgeschliffen werden.

Das brauchen Sie dazu:

- **Heißluftföhn**
- **Spachtel**
- **Metallschüssel**

Hinweis

Sie müssen sich nicht zwangsläufig einen Heißluftföhn kaufen. Sie können diesen auch kostengünstig im Baumarkt ausleihen.

Abbeizen und Ablaugen

Beim Abbeizen oder Ablaugen werden alte Farb- oder Lackschichten durch chemische Mittel (Abbeizer) entfernt. Da diese Mittel zum Teil lösungsmittelhaltig und gesundheitsschädlich sind, empfehle ich Ihnen, diese Methode nur im „Notfall“ anzuwenden, wenn keine andere Methode zur Farbentfernung wirksam war.

Tragen Sie den Abbeizer mit einem Flachpinsel auf der gesamten Oberfläche auf und lassen Sie ihn einwirken. Sobald der Lack oder die Farbe mit dem Abbeizer reagiert und sich löst, können Sie den Farbfilm mit einem Spachtel entfernen.

Hinweise

Tragen Sie beim Arbeiten mit Abbeizern zur eigenen Sicherheit einen Mundschutz, eine Schutzbrille und Arbeitshandschuhe. Und sorgen Sie für ausreichende Frischluftzufuhr!

Reste des Abbeizmittels und die abgelösten Farben und Lacke gehören in den Sonderabfall.

Falls Sie größere Möbelstücke behandeln wollen, empfehle ich, diese von Fachfirmen in konzentrierten Laugebädern abbeizen zu lassen.

Das brauchen Sie dazu:

- **Abbeizer oder Lauge**
- **Flachpinsel**
- **Malerspachtel**

Holzwurmmittel auftragen

Manchmal ist in alten Möbelstücken der Wurm drin. Hier hilft nur eine Behandlung mit Holzwurmtod. Vertreiben Sie den unliebsamen Bewohner, indem Sie das Möbelstück gründlich reinigen und dann zwei- bis dreimal mit einem Holzwurmmittel bestreichen (beachten Sie hierbei die Herstellerangabe).

Das brauchen Sie dazu:

- **Holzwurmtod**
- **Flachpinsel**
- **Allzweckreiniger**
- **Haushaltsschwamm**

Mit Lacken und Farben gestalten

Das brauchen Sie dazu:

- **Lasur in der gewünschten Farbe**
- **feiner Flachpinsel**

Lasieren

Bereiten Sie das Holz wie auf Seite 20 beschrieben vor und entfernen Sie eventuell vorhandene Leim- oder Lackreste, da diese beim Lasieren keine Farbe aufnehmen und deutlich sichtbar werden. Tragen Sie dann die Lasur dünn und gleichmäßig mit dem Flachpinsel auf. Arbeiten Sie dabei immer in Richtung der Maserung und nie quer zu ihr. Schon beim Auftragen der Lasur können Sie sehen, wie die Maserung durch die Farbe durchscheint. Auf den Bildern sehen Sie ein Beispiel für eine Lasur auf Wasserbasis (oben) und ein Beispiel für eine Lacklasur (unten).

Hinweis

Um bei stehenden Objekten eine gleichmäßige Farbfläche zu erhalten, wird die Lasur hier von unten nach oben aufgetragen.

Das brauchen Sie dazu:

- **Beize in der gewünschten Farbe**
- **feiner Flachpinsel**
- **eventuell weicher Schwamm**

Beizen

Eine Beize bringt keine Farbpigmente auf, sondern verändert die Farbe des Holzes selbst. Dabei tritt die Maserung meist sehr deutlich zum Vorschein, da die weichen und harten Bestandteile des Holzes die Beize unterschiedlich stark aufnehmen. Beize legt keinen schützenden Film auf die Oberfläche, sodass gebeizte Hölzer grundsätzlich mit einem schützenden Überzug versehen werden müssen (z. B. Klarlack, Öl oder Möbelwachs, siehe Seite 26).

Gehen Sie wie beim Lasieren beschrieben vor und bringen Sie die Beize mit dem Flachpinsel in Richtung der Maserung auf das vorbereitete und von Rückständen befreite Holz auf. Wenn Sie möchten, können Sie auch einen weichen Schwamm dazu verwenden.

Hinweis

Für den normalen Hausgebrauch sind wasserlösliche Beizen am besten geeignet, da diese durch Wasser aufgehellt oder mit anderen Beizen gemischt werden können.

Lackieren oder mit Acrylfarbe bemalen

Lacke und Acrylfarbe sind die wohl am weitesten verbreiteten Hilfsmittel, um Möbelstücke farblich zu gestalten und mit einer schützenden Schicht zu überziehen. Damit der Lack bzw. die Acrylfarbe gut haftet, ist es besonders wichtig, dass Sie das Werkstück gründlich von Schmutz, Staub und Fett reinigen. Verwenden Sie hierzu etwa Seifenlauge oder Allzweckreiniger und einen Schwamm. Anschließend rauen Sie die Oberfläche an und entfernen den Schleifstaub.

Wenn der Untergrund sauber und trocken ist, bringen Sie den Lack oder die Acrylfarbe mit dem Flachpinsel in Richtung der Holzmaserung auf. Bereiche oder Details, die nicht lackiert oder angestrichen werden sollen, können Sie z. B. mit Malerkreppband abkleben. Für die abschließende Trockenzeit gilt besonders bei Lacken: lieber etwas zu lang als zu kurz!

Das brauchen Sie dazu:

- **Lack oder Acrylfarbe in der gewünschten Farbe**
- **Flachpinsel**
- **Allzweckreiniger**
- **Haushaltsschwamm**
- **eventuell Pinselreiniger**

Hinweise

Verwenden Sie zum Abkleben ausschließlich die gelblichen glatten Sorten und nicht die bräunlichen gekreppten Bänder! Durch die Kreppung liegt das bräunliche Abdeckband nicht flächig auf dem Untergrund auf und somit kann Farbe unter das Band laufen.

Schützen Sie Ihre Pinsel in Arbeitspausen vor dem Eintrocknen, indem Sie sie in Alufolie einschlagen. Dabei sollte der Pinsel gut mit Farbe getränkt sein – dann müssen Sie den Pinsel nicht auswaschen und können am nächsten Tag einfach weiterarbeiten.

Mit Lacken und Farben gestalten

Das brauchen Sie dazu:

- dunkle Acrylfarbe (z. B. in Braun, Grau oder Schwarz)
- helle Acrylfarbe (z. B. in Weiß, Hellblau oder Mintgrün)
- Krakelierlack
- Flachpinsel
- Rundpinsel

Krakelieren

Beginnen Sie mit dem Untergrund und grundieren Sie das Werkstück mit dunkler Acrylfarbe. Lassen Sie die Farbe gut trocknen.

Tragen Sie nun den Krakelierlack auf. Hierbei können Sie entweder flächig arbeiten oder den Lack nur an einigen wenigen Stellen aufbringen. Bei großen Flächen sollten Sie den Lack dünn und gleichmäßig auftragen. Bei kleineren Stellen können Sie ihn auch auftropfen und mit dem Finger etwas verwischen. Achten Sie in beiden Fällen darauf, dass Sie immer in eine Richtung arbeiten (z. B. in Richtung der Maserung).

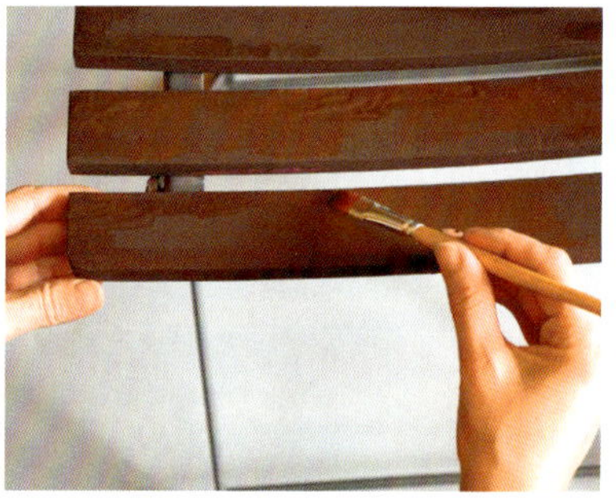

Wenn der Krakelierlack gut durchgetrocknet ist, können Sie die helle Acrylfarbe gleichmäßig und in eine Richtung aufbringen. Die frisch gemalte Farbfläche reißt während des Trockenprozesses an den mit Krakelierlack behandelten Stellen auf, sodass die Grundierung sichtbar wird.

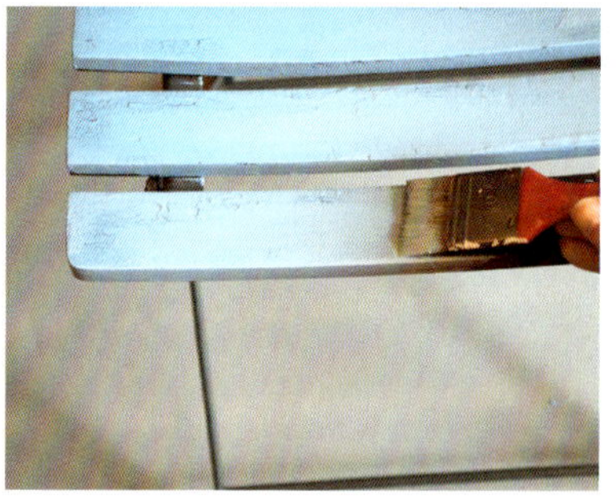

Hinweise

Streichen Sie nicht zweimal über eine bereits krakelierte Stelle, da sonst die Risse wieder zugemalt werden.

Die Stärke der Risse wird durch die Dicke des Lackauftrages bestimmt: Je dicker der Lack aufgetragen wird, desto größer die Risse, je dünner der Auftrag ist, desto kleiner die Risse.

Tragen Sie keine Metallic-Farbe auf den Krakelierlack auf, da diese nicht reißt. Metallic-Farben können Sie nur als Grundierung verwenden.

Patinieren

Patina-Medium lässt Gegenstände künstlich altern. Dabei können Sie sowohl flächig arbeiten als auch nur Details betonen. Wenn Sie ganze Flächen patinieren möchten, tragen Sie das Patina-Medium satt mit dem Flachpinsel auf die Oberfläche auf und wischen es anschließend sofort mit einem weichen Tuch wieder ab. Dadurch verbleibt ein Rest der Patina in den Vertiefungen und Hinterschneidungen. Bei größeren Objekten bietet es sich an, in Teilabschnitten zu arbeiten.

Wenn Sie nur Details wie z. B. Kanten eine Patina verleihen möchten, tragen Sie das Medium vorsichtig mit einem feinen Rundpinsel entlang der Kante auf. Arbeiten Sie dabei unregelmäßig, sodass eine natürlich wirkende Verfärbung entsteht, und wischen Sie überschüssiges Medium mit einem weichen Tuch wieder ab.

Hinweis

Bei Patina-Medien auf Öl-Basis müssen die Pinsel nach Verwendung mit Pinselreiniger gereinigt werden.

Das brauchen Sie dazu:

- **Patina-Medium in der gewünschten Farbe**
- **Flachpinsel oder Rundpinsel**
- **weiches Tuch**
- **eventuell Pinselreiniger**

Rost-Effekte aufbringen

Rost darf im Shabby Chic nicht fehlen. Tragen Sie zunächst eine Schicht Eisengrundierung auf der gewünschten Stelle auf und lassen Sie diese gut trocknen. Dann bringen Sie eine weitere Schicht auf. Anschließend muss die Grundierung mindestens zwölf Stunden trocknen.

Nun können Sie das Oxidationsmittel mit dem Pinsel auftragen. Nach etwa zwei Stunden sind erste Roststellen erkennbar. Wiederholen Sie den Vorgang, bis das Ausmaß des Rost-Effekts Ihren Wünschen entspricht.

Das brauchen Sie dazu:

- **Rost-Finish Eisengrundierung**
- **Rost-Finish Oxidationsmittel**
- **Pinsel**

Oberflächen schützen

Das brauchen Sie dazu:

- **Holzwachs, Holzöl oder Klarlack**
- **weicher Flachpinsel**
- **eventuell weiches Tuch**

Unlackiertes oder unbehandeltes Holz, aber auch gebeizte Flächen müssen vor Umwelteinflüssen oder Schmutz geschützt werden. Hierzu stehen Ihnen spezielle Holzwachse, Öle und Klarlacke zur Verfügung.

Das Wachsen und Ölen von Holz ist relativ einfach und problemlos. Das Wachs oder das Öl wird mit einem weichen Tuch oder Pinsel in Richtung der Maserung dünn aufgetragen. Die Eigenfarbe des Holzes oder der gebeizten Flächen wird dabei oft intensiviert. Wenn Sie mit Öl arbeiten, sollten Sie das Öl, das nach ein paar Stunden nicht in das Holz eingezogen ist, mit einem Lappen abnehmen, da sonst klebrige oder speckige Oberflächen entstehen können. Wenn Sie mit Klarlack arbeiten, tragen Sie diesen wie auf Seite 23 beschrieben auf und lassen ihn gut durchtrocknen.

Farbe abtragen

Das brauchen Sie dazu:

- **Schleifpapier, Körnung 120 oder 180**
- **Schleifblock**

Abschleifen

Lasierte, lackierte oder wie auch immer bemalte Holzflächen können nach dem Trocknen mit Schleifpapier angeschliffen werden, sodass die Farbe an einzelnen Stellen wieder abgetragen wird und ein abgenutzter, abgewetzter Eindruck entsteht. Wickeln Sie dazu feines Schleifpapier um den Schleifblock und fahren Sie über die Fläche oder bearbeiten Sie die Kanten. Dabei sollten Sie immer in Richtung der Holzmaserung schleifen, damit keine unerwünschten oder unschönen Kratzer entstehen.

Eine besondere Variante dieser Technik ist das Arbeiten mit Farbschichten. Wie das Wort bereits verrät, wird hier das Werkstück zuvor mehrmals bemalt oder lackiert. Um den für den Shabby Chic typischen Effekt zu erzielen, bringen Sie zunächst eine dunkle Grundierung auf (z. B. Braun, Grau oder Schwarz). Nachdem die Grundierung gut durchgetrocknet ist (bitte hier auf die Herstellerangaben achten), wird eine helle Farbschicht darüber aufgetragen (z. B. Weiß). Schleifen Sie nach dem Trocknen die Ecken und Kanten vorsichtig mit feinem Schleifpapier an, bis die dunkle Grundierung wieder hervorkommt.

Hinweis

Sie können auch mehr als zwei verschiedene Farbschichten aufbringen und durch Anschleifen wieder freilegen. Wählen Sie hierfür wiederum eine dunkle Grundierung, tragen Sie dann z. B. Blau- oder Grüntöne auf und decken Sie zum Schluss alles mit einem weißen oder cremefarbenen Anstrich ab.

Stahlbürste und Cutter

Um einen natürlichen Shabby Chic-Look zu erreichen, ist die Stahlbürste ein wunderbarer Helfer. Mit ihr können Sie feine Kratzer und Farbabriebe erzeugen. Bürsten Sie dazu mit der Stahlbürste und leichtem Druck über die mit Acrylfarbe gestrichene Fläche, bis der gewünschte Effekt eintritt.

Um einen natürlichen Farbabrieb zu erzeugen, wird die Bürste an einer Stelle aufgesetzt und zuerst leicht vor und zurück, dann leicht hin und her gerüttelt. Dadurch werden kleine Flächen der Farbe abgetragen, wie sie sonst nur durch jahrelange Beanspruchung entstehen.

Schrammen und Kerben können Sie mit dem Cutter auf Ihr Werkstück zaubern. Hierzu fahren Sie mit dem Cutter über einige Stellen an den Kanten des Werkstückes und tragen somit die Farbe bis zum Holz wieder ab. Oder schneiden Sie einfach kleine Kerben in die Kanten.

Das brauchen Sie dazu:

- **Stahlbürste**
- **Cutter**

Hinweis

Achten Sie beim Arbeiten mit dem Cutter auf Ihre Finger und bringen Sie sie in Sicherheit, damit Sie sich nicht schneiden, wenn Sie z. B. mit der Klinge vom Holz abrutschen. Der Umgang mit dem Cutter bedarf etwas Übung.

Verzierungen anbringen

Das brauchen Sie dazu:

- **Stempel**
- **Acrylfarbe oder Stempelkissen**
- **eventuell Küchentücher**
- **eventuell Farbwalze aus Schaumstoff**
- **eventuell Pappe**
- **eventuell Schleifpapier**

Stempeln

Um einen Antik-Look mit einem Schaumstoff-Stempel zu erzeugen, sollte der Stempel nach der Farbaufnahme zunächst einmal auf einem Küchentuch o. Ä. aufgebracht werden, bevor er auf dem Werkstück zum Einsatz kommt. Dadurch ist das Stempelbild auf dem Holz nicht ganz gleichmäßig. Es sieht bereits alt und abgenutzt aus.

Wenn Sie Gummi-, Acryl- oder Moosgummi-Stempel verwenden, müssen Sie bei der Farbaufnahme ein wenig aufpassen. Am einfachsten ist die Anwendung mit farbigen Stempelkissen. Bei der Anwendung mit Acrylfarbe sollten Sie eine Farbwalze aus Schaumstoff zu Hilfe nehmen. Tragen Sie die Farbe mit der Walze hauchdünn auf ein Stück Pappe auf und drücken Sie den Stempel dann vorsichtig in die ausgewalzte Farbe. Achten Sie darauf, dass nicht zu viel Farbe aufgenommen wird. Damit das Motiv anschließend einen alten Look bekommt, können Sie es etwas mit Schleifpapier nacharbeiten.

Hinweis

Seien Sie beim Reinigen von Schaumstoff-Stempeln sehr vorsichtig, damit Sie keine Risse oder Löcher in den Schaumstoff reißen.

Schablonieren

Die Schabloniertechnik ist eine Methode, um Bordüren und Ornamente oder einzelne Motive auf Gegenständen aufzubringen. Wenn Sie nur einen Teil oder einen bestimmten Ausschnitt des Motivs auf Ihr Werkstück übertragen möchten, kleben Sie am besten die angrenzenden Motivteile mit Malerkreppband ab. So verhindern Sie, dass dort unerwünscht Farbe auf Ihr Werkstück gelangen kann.

Dann wird die Schablone auf dem Werkstück fixiert, damit sie beim Aufbringen der Farbe nicht verrutscht. Besprühen Sie sie dazu dünn und gleichmäßig aus ca. 30 cm Entfernung auf der Rückseite mit Sprühkleber. Kurz auslüften lassen, auf das Werkstück auflegen und andrücken. Wenn Sie ganz sicher gehen wollen, können Sie die Schablone zusätzlich mit Malerkreppband fixieren.

Nehmen Sie nun etwas Acrylfarbe mit dem Stupfpinsel auf und tupfen Sie das Motiv der Schablone ganz dünn damit aus. Sobald das gesamte Motiv übertragen ist, lösen Sie die Schablone an einem Ende an und ziehen sie vorsichtig ab.

Damit das Motiv einen alten, abgenutzten Look bekommt, können Sie es nach dem Trocknen der Farbe etwas mit Schleifpapier anschleifen. Fertig ist die Verzierung!

Das brauchen Sie dazu:

- **Schablone**
- **Acrylfarbe**
- **Schwamm-Stupfpinsel**
- **wiederablösbarer Sprühkleber**
- **eventuell Malerkreppband**
- **eventuell Schleifpapier**

Hinweise

Achten Sie darauf, dass Sie nicht zu viel Farbe aufnehmen und auf die Schablone auftupfen, da das Motiv ansonsten leicht verläuft oder die Farbe unter die Schablone gedrückt wird.

Neben den Schwamm-Stupfpinseln gibt es auch Borsten-Stupfpinsel. Ich präferiere den Schwamm-Stupfpinsel, wenn ich auf Holz oder Pappe arbeite, da die Oberfläche dadurch schon eine antike Anmutung erhält. Den Borsten-Stupfpinsel verwende ich gerne, um Schablonenmuster auf Textilien aufzubringen.

Verzierungen anbringen

Das brauchen Sie dazu:

- **Zierleiste oder MDF-Teil**
- **Holzleim**
- **eventuell Säge**
- **eventuell Gehrungs-schneidlade**

Zierleisten und MDF-Teile anbringen

Versehen Sie die MDF-Teile oder Holzzierleisten auf der Rückseite mit etwas Holzleim und drücken Sie die Dekore auf der gewünschten Stelle an. Nachdem der Leim getrocknet ist, können Sie die MDF-Teile oder Zierleisten nach Geschmack passend zum Werkstück bemalen und mit den Techniken des Shabby Chic ausgestalten.

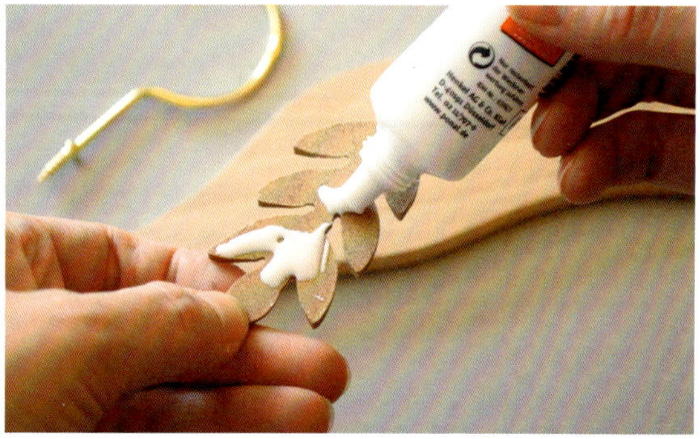

Damit Sie die einzelnen Leisten im rechten Winkel aneinandersetzen können, müssen Sie die Enden im 45-Grad-Winkel abschrägen. Dabei ist eine Gehrungsschneidlade, die es z. B. im Baumarkt zu kaufen gibt, sehr nützlich. Führen Sie das Sägeblatt einfach in der dafür vorgesehenen Öffnung.

Das brauchen Sie dazu:

- **Découpage-, oder Geschenkpapier oder Serviette**
- **Découpageschere oder Cutter**
- **Acrylfarbe in Weiß**
- **Découpagekleber und Découpagelack oder Serviettenkleber und Serviettenlack**
- **Pinsel**

Papier- und Serviettenmotive aufbringen

Papiermotive aufbringen: Schneiden Sie zunächst das gewünschte Motiv grob aus und bemalen Sie es auf der Rückseite mit weißer Acrylfarbe. Dies verhindert, dass bei dunkleren Untergründen die Farbe durch das Motiv durchscheint. Erst nach dem Trocknen schneiden Sie das Motiv dann exakt aus.

Dann wird das Motiv auf der Rückseite mit Découpagekleber eingestrichen und auf die gewünschte Stelle aufgebracht. Streichen Sie mit dem Pinsel von der Mitte aus über das Motiv, sodass der überschüssige Klebstoff und Luftblasen herausgedrückt werden, und entfernen Sie den Klebstoff mit einem Küchentuch. Nach dem Trocknen überziehen Sie das Motiv und das gesamte Werkstück etwa ein- bis dreimal zum Schutz mit Découpagelack.

Bei der Serviettentechnik schneiden Sie das gewünschte Motiv direkt exakt aus und lösen dann die oberste, bedruckte Schicht ab. Nun tragen Sie den Serviettenkleber auf die Stelle auf, auf der das Motiv später fixiert werden soll, und legen das Motiv auf. Streichen Sie mit einem weichen Pinsel etwas Serviettenkleber von der Mitte zum Rand hin auf und lassen Sie ihn gut trocknen, bevor Sie das gesamte Werkstück mit Serviettenlack überziehen.

Wenn Sie Porzellan mit einem Serviettenmotiv verzieren möchten, gehen Sie im Grunde wie beschrieben vor. Reinigen Sie die Oberfläche jedoch zuvor mit Spiritus oder Alkohol von Staub und Fett und verwenden Sie Serviettenkleber für Porzellan. Das Porzellan-Medium gut austrocknen lassen (mindestens 6 Stunden) und anschließend nach Herstellerangabe im Backofen einbrennen, damit das Motiv wasser- und spülmaschinenfest wird.

Hinweise

Wenn Sie ein Découpagemotiv auf eine Rundung aufkleben wollen, weichen Sie es am besten zunächst in etwas Wasser ein, um das Papier geschmeidiger zu machen. Legen Sie das Motiv anschließend auf ein Küchentuch und tupfen Sie es etwas ab.

Statt Découpagepapieren und dem entsprechenden Klebstoff bzw. Lack können ebenso Décopatch®- Papiere und die entsprechenden Hilfsmittel verwendet werden.

Inspirationen

Shabby goes chic! Überzeugen Sie sich selbst, wie charmant die Möbelstücke und Accessoires wirken, wenn sie etwas abgenutzt und abgeliebt aussehen. Kleine Macken und Gebrauchsspuren ziehen sich wie ein roter Faden durch die Inspirationsseiten in diesem Buch. Lassen Sie sich von der Vielfalt der gezeigten Modelle inspirieren und verleihen Sie Ihrer Einrichtung einen individuellen, unverwechselbaren Charme.

Damit Ihnen das Nacharbeiten einzelner Modelle gelingt, gebe ich Ihnen auf jeder Seite eine detaillierte Anleitung, wie ich sie angefertigt habe und welche Materialien dabei zum Einsatz gekommen sind. Sie müssen sich aber nicht an meine Beispiele halten. Sie können die gezeigten Ideen auch nur zur Anregung für eigene Projekte nutzen. Ich wünsche Ihnen viel Spaß dabei und gutes Gelingen!

Schränkchen und Schlüsselbrett

Schränkchen

1 Bereiten Sie das Schränkchen wie auf Seite 20/21 beschrieben vor, indem Sie es gegebenenfalls mit Holzwurmmittel behandeln und die alte Lackschicht zum Beispiel durch Abschleifen entfernen oder aufrauen. Den Schleifstaub anschließend gründlich mit einem Besen entfernen.

2 Grundieren Sie zunächst den Korpus (ohne die obere Platte) mit Acrylfarbe in Edelweiß. Kleben Sie dabei die Griffe zum Schutz mit Malerkreppband ab. Die Farbe gut trocknen lassen.

3 Nun die Platte des Schränkchens in Smaragd anstreichen. Auch hier hilft es, wenn Sie den Korpus mit Malerkreppband vor unliebsamen Farbflecken schützen. Die Farbe wieder gut trocknen lassen.

4 Schleifen Sie mit dem Schleifpapier die Ecken und Kanten des Schränkchens etwas an, damit das darunterliegende Holz wieder etwas durchkommt und so ein schöner Shabby-Look entsteht.

5 Zur Befestigung des Kranzes legen Sie den Kranz auf die Tür und markieren am oberen Teil einmal am inneren und einmal am äußeren Rand je ein Bohrloch. Bohren Sie die Löcher in die Tür, befestigen Sie den Kranz mithilfe des Steckdrahts und dekorieren Sie ihn mit dem Herz und dem Karoband.

Schlüsselbrett

1 Grundieren Sie zunächst das Brett mit Acrylfarbe in Mausgrau und tragen Sie nach dem Trocknen eine deckende Schicht in Weiß auf. Die Farbe gut trocknen lassen, dann die Kanten mit dem Schleifpapier leicht anschleifen, sodass die graue Farbe wieder etwas durchkommt.

2 Mit einem Pinsel nun an den Rändern der Zinkherzen etwas Eisengrundierung auftragen und trocknen lassen. Danach eine zweite Schicht der Eisengrundierung auftragen und zwölf Stunden trocknen lassen.

3 Auf die Eisengrundierung nun das Oxidationsmittel auftragen und zwei Stunden trocknen lassen. Den Vorgang so oft wiederholen, bis der gewünschte Effekt eingetreten ist.

4 Schablonieren Sie mit weißer Acrylfarbe die Zahlen 1 bis 6 auf die Herzen und schrauben Sie diese nach dem Trocknen mit Holzschrauben in regelmäßigen Abständen auf das Brett. Drehen Sie die Schrauben nicht ganz hinein. Die Herzen sollten lose am Brett hängen.

5 Die schwarzen Schrauben mit einem Schraubenzieher unter den Herzen in das Holz drehen, sodass Schlüssel daran aufgehängt werden können. Zuletzt auf der Rückseite das Spiegelblech als Aufhängung anbringen.

Material Schränkchen

- kleines Schränkchen
- Acrylfarbe in Edelweiß und Smaragd
- weicher Flachpinsel, Größe 40
- Schleifpapier, Körnung 80
- Malerkreppband
- Holzbohrer, Größe 3/32
- Steckdraht, ø 0,8 mm
- Weidenkranz, ø 16 cm
- kleines Zinkherz und Karoband in Rot-Weiß

Schlüsselbrett

- Holzbrett, 25 cm x 30 cm
- Acrylfarbe in Mausgrau und Weiß
- Rost-Finish Eisengrundierung und Oxidationsmittel
- weicher Flachpinsel, Größe 40
- Rundpinsel, Größe 4
- Schwamm-Stupfpinsel
- selbsthaftende Schablone mit Zahlen
- Schleifpapier, Körnung 80
- 6 Zinkherzen
- 6 Schrauben in Schwarz, 3,0 x 20 mm
- 6 kurze Holzschrauben, 2,5 x 12 mm
- Spiegelblech, 25 mm x 30 mm, als Aufhängung
- Schraubenzieher

Runde Pappschachteln

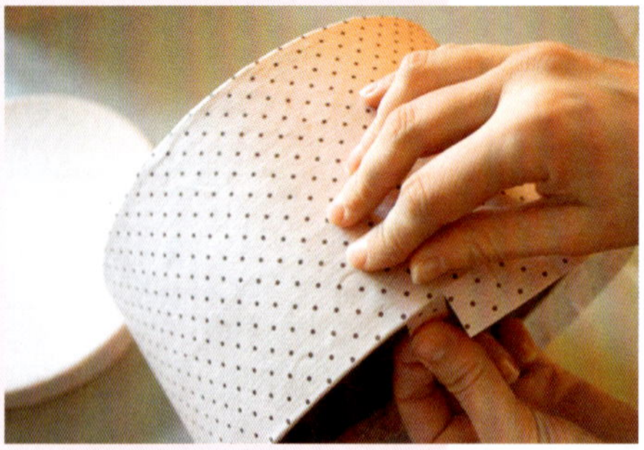

Rosa Schachtel

1 Tragen Sie zunächst zwei Schichten Acrylfarbe in Rosa Chiffon mit dem Stupfpinsel auf den Deckel auf und lassen Sie die Farbe gut trocknen. Messen Sie dann die Höhe (ohne Deckel) und den Umfang der Schachtel aus. Addieren Sie zur Höhe insgesamt 4 cm, zum Umfang ca. 1 cm und schneiden Sie das Geschenkpapier entsprechend zu. Bei der angegebenen Schachtel ist der Zuschnitt 74 cm x 17 cm groß.

2 Bestreichen Sie das Papier auf der Rückseite satt mit Découpagekleber und legen Sie es so auf die Schachtel, dass oben und unten jeweils 2 cm überstehen. Kleben Sie nun das Papier Stück für Stück rund um die Schachtel. Streichen Sie dabei mit einem Küchentuch Falten und überschüssigen Klebstoff aus.

3 Nun den unten und oben überstehenden Rand im Abstand von ca. 1,5 cm einschneiden. Dann die einzelnen Abschnitte umklappen und auf dem Boden bzw. auf der Innenseite der Schachtel befestigen.

4 Übertragen Sie nun den Boden auf das Geschenkpapier und schneiden Sie den Kreis aus. Kleistern Sie ihn auf der Rückseite satt mit Découpagekleber ein und kleben Sie ihn auf den Boden der Schachtel. Anschließend alles gut trocknen lassen.

5 Bringen Sie nun eine Découpage-Rose wie auf Seite 30/31 beschrieben mittig auf dem Deckel an. Dann setzen Sie mithilfe eines Pinselstieles die kleinen Punkte in Englisch Rosa auf. Trocken lassen.

6 Schleifen Sie nun einige Stellen an den Rändern leicht an und lackieren Sie dann die komplette Schachtel mit dem Découpagelack. Sobald dieser getrocknet ist, können Sie das rosa Karoband um den Deckel schlingen, verknoten und mit dem Satinröschen verzieren.

Blaue Schachtel

Die blaue Schachtel wird wie bei der rosa Schachtel beschrieben angefertigt. Anstelle der Découpage-Rosen wird jedoch ein Herz aus Geschenkpapier auf dem Deckel angebracht. Die Vorlage dazu finden Sie auf Seite 62. Das Karoband einfach zur Schleife binden und mittig auf den Schachtelkorpus kleben

Material

- Schwamm-Stupfpinsel
- weicher Flachpinsel, Größe 30
- Découpagekleber und Découpagelack, seidenmatt
- Schere und eventuell Découpageschere
- Schleifpapier, Körnung 120
- Küchentücher
- Bleistift
- Klebstoff

zusätzlich für rosa Schachtel

- Pappschachtel, ø 24 cm, 13 cm hoch
- Acrylfarbe in Rosa Chiffon und Englisch Rosa
- Geschenkpapier in Rosa mit Punkten, ca. 74 cm x 17 cm und 25 cm x 25 cm
- Découpagepapier mit Rosen
- Karoband in Rosa-Weiß, 5 mm breit, ca. 1 m lang
- Satinrose in Creme

zusätzlich für blaue Schachtel

- Pappschachtel, ø 19 cm, 10 cm hoch
- Acrylfarbe in Babyblau
- Geschenkpapier in Blau mit Kreisen, ca. 62 cm x 14 cm und 20 cm x 20 cm
- Karoband in Blau-Weiß, 1 cm breit, ca. 30 cm lang

Vorlage auf Seite 62

1912
1912

Dekorative Weidenkörbe

Körbe mit Henkeln

1 Fertigen Sie zunächst eine Schablone an. Dazu die Vorlage mittig auf das Papier übertragen und das Oval mit einem Cutter ausschneiden. Beim braunen Korb das Papier, beim weißen Korb das Oval aufkleben. Nehmen Sie hierzu das Malerkreppband zu Hilfe und formen Sie Klebebandröllchen, die Sie zur Befestigung auf der Rückseite aufbringen.

2 Besprühen Sie nun die Körbe mit Sprühlack aus ca. 25 cm Entfernung: beim braunen Korb nur das Oval, beim weißen Korb den gesamten Bereich um das Oval herum. Anschließend die Schablone entfernen.

3 Nachdem der Lack getrocknet ist, schreiben Sie mit dem Rundpinsel die Zahl 1912 mit Acryllack in Weiß bzw. Braun in das Oval. Gut trocknen lassen und zum Schluss das Karoband mit einer Schleife anbringen.

Hinweis

Achten Sie darauf, den weißen Korb nicht zu deckend zu besprühen, damit er den typischen Shabby Chic-Look bekommt.

Langer Korb

Sprühen Sie den Blumenhängekorb aus ca. 25 cm Entfernung gleichmäßig mit dem Sprühlack an. Um den typischen Shabby Chic-Charakter zu erhalten, sprühen Sie den Korb dabei nicht zu deckend an. Lassen Sie die dunkle Farbe des Korbes etwas durchschimmern.

Hinweis

Decken Sie Ihren Arbeitsbereich großräumig ab, damit dieser nicht durch den Sprühnebel verschmutzt wird. Sorgen Sie außerdem für ausreichende Frischluftzufuhr. Am besten Arbeiten Sie im Freien.

Material

je Korb mit Henkeln

- **runder Weidenkorb mit Henkeln**
- **Sprühlack in Weiß**
- **Acryllack in Dunkelbraun bzw. Weiß**
- **Rundpinsel, Größe 8**
- **Schreibpapier**
- **Malerkreppband**
- **Cutter**
- **Karoband in Rot-Weiß, 1 cm breit, ca. 0,5–1 m lang**

Langer Korb

- **länglicher Weidenkorb zum Hängen**
- **Sprühlack in Weiß**

Vorlage auf Seite 63

Drei bunte Spiegel

Material

- 3 Holzspiegel, ca. 25 cm x 25 cm
- Acrylfarbe in Himmelblau, Creme, Pink und Dunkelbraun
- weicher Flachpinsel, Größe 20
- 3 verschiedene Zierleisten aus Holz
- Holzleim
- Schleifpapier, Körnung 80
- Malerkreppband
- Säge
- Gehrungsschneidlade
- Lineal
- Bleistift

1 Beginnen Sie mit dem Zusägen der Zierleisten. Für den Spiegel in Pink benötigen Sie zwei Leisten in der Breite des Spiegels. Für den Spiegel in Himmelblau und für den Spiegel in Weiß benötigen Sie jeweils vier Leisten, die Sie mithilfe der Gehrungsschneidlade an den Enden im 45-Grad-Winkel absägen. Beim blauen Spiegel entspricht die kürzere Seite der Leiste der Breite der Öffnung im Rahmen. Beim weißen Spiegel ist sie etwas länger.

2 Kleben Sie nun die zugeschnittenen Leisten mit Holzleim an der gewünschten Stelle auf und lassen Sie den Leim gut durchtrocknen. Danach bemalen Sie die Rahmen der Spiegel komplett mit dunkelbrauner Acrylfarbe. Kleben Sie die Spiegelfläche zuvor zum Schutz mit etwas Malerkreppband ab. Die Farbe gut trocknen lassen.

3 Übermalen Sie die braune Farbe nun mit Acrylfarbe in Himmelblau, Creme bzw. Pink und lassen Sie den Anstrich erneut gut trocknen.

4 Zum Schluss werden die Ecken und Kanten mit dem Schleifpapier vorsichtig angeschliffen, bis die dunkelbraune Farbe wieder hervortritt.

Garderobe und Bank

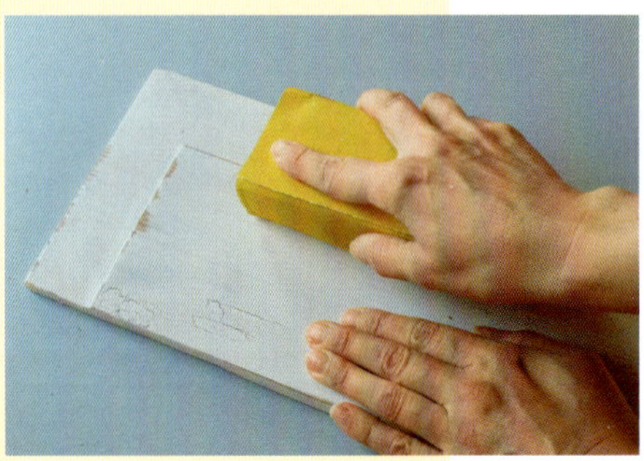

Garderobe

1 Da es sich um ein altes Brett handelt, werden zunächst alle Verschmutzungen entfernt und das Brett gründlich mit Schleifpapier abgeschliffen. So ist der Untergrund optimal für die weitere Bearbeitung vorbereitet.

2 Nun zunächst den Krakelierlack wie auf Seite 24 beschrieben auftragen und trocknen lassen. Anschließend eine Schicht Acrylfarbe aufbringen und den Anstrich erneut trocknen lassen. Dabei entstehen die typischen Risse in der Farbe.

3 Das bemalte Brett wie bei der Bank (Schritt 4) und auf Seite 27 beschrieben zuerst mit dem Schleifpapier und dann mit der Drahtbürste bearbeiten.

4 Bringen Sie die Beschläge für die Aufhängung auf der Rückseite an – in gleichmäßigem Abstand zu den Seiten. Zuletzt werden die vier Kleiderhaken in gleichmäßigem Abstand auf der Vorderseite des Brettes festgeschraubt.

Bank

1 Die Bank mit dem Schleifpapier leicht anschleifen und für den Farbauftrag vorbereiten. Dann den Krakelierlack wie auf Seite 24 beschrieben an wenigen kleinen Stellen dick auftropfen und mit dem Finger leicht verteilen, an anderen Stellen dünn aufpinseln. Darauf achten, dass der Krakelierlack immer in Richtung der Holzmaserung aufgetragen wird.

2 Den Krakelierlack einige Stunden trocknen lassen, bis auch die dickeren Stellen gut durchgetrocknet sind.

3 Die Acrylfarbe gleichmäßig in Richtung der Holzmaserung auftragen. Die frisch gemalte Farbfläche reißt während des Trockenprozesses an den mit Krakelierlack behandelten Stellen auf. Die Untergrundfarbe wird nun in den Rissen sichtbar. Alles gut trocknen lassen.

4 Mit Schleifpapier einige Stellen an der Bank und insbesondere die Kanten anschleifen, sodass das Holz darunter sichtbar wird. Anschließend mit der Drahtbürste in Richtung der Maserung und mit leichtem Druck an einigen Stellen über die Farbe bürsten (siehe Seite 27).

Material

Garderobe

- altes Holzbrett, ca. 85 cm x 15 cm
- Acrylfarbe in Creme
- Krakelierlack
- weicher Flachpinsel, Größe 40
- Schleifpapier, Körnung 80
- Drahtbürste
- 4 Kleiderhaken aus Metall
- Schraubenzieher
- 2 Spiegelbleche, 25 mm x 30 mm, für die Aufhängung
- ca. 12 Holzschrauben (Länge je nach Brettdicke)

Bank

- Holzbank, ca. 140 cm x 35 cm
- Acrylfarbe in Edelweiß
- Krakelierlack
- weicher Flachpinsel, Größe 40
- Schleifpapier, Körnung 80
- Schleifklotz
- Drahtbürste

Kleines Vogelhaus

1 Das Vogelhaus bis auf das Dach und die Zaunlatten in Weiß grundieren und die Farbe trocknen lassen. Dann zunächst alle Stellen rund um den Zaun, die keine blaue Farbe abbekommen sollen, mit Malerkreppband abkleben. Die Zaunlatten in Babyblau streichen und trocknen lassen.

2 Die Patina anrühren (ca. 1 EL Patinaflüssigkeit und einen dünnen, ca. 2 cm langen Streifen Umbra-Pasta) und mit einem weichen Pinsel gleichmäßig auf dem weiß bemalten Vogelhaus und auf dem Zaun verteilen. Das überschüssige Patina-Medium mit einem Küchentuch abwischen. Trocknen lassen.

3 Das Geschenkpapier entsprechend der Größe des Daches mit etwas Zugabe zuschneiden. Dabei bitte an die Aussparung für den Schornstein denken. Das Papier auf der Rückseite satt mit Découpagekleber bestreichen.

4 Das Papier zunächst über den Schornstein stülpen, glätten und mit einem Küchentuch den überschüssigen Klebstoff unter dem Papier herausstreichen, damit sich keine Bläschen und Wellen bilden. Die Zugabe am First und an den Dachenden einschneiden, um das Dach schlagen und festkleben.

5 Nach dem Trocknen des Klebstoffs können Sie dem Dach des Vogelhäuschens den letzten Schliff geben. Dazu etwas Patina-Medium mit dem Rundpinsel unregelmäßig entlang der Ränder und Kanten auftragen und mit einem Küchentuch wieder abwischen. Nach dem Trocknen das Band um den Schornstein zur Schleife binden.

Hinweis

Falls Sie das Haus für den Außenbereich verwenden möchten, sollten Sie es ein- bis zweimal komplett mit wetterfestem Klarlack überziehen.

Material

- Holzvogelhaus
- Acrylfarbe in Weiß und Babyblau
- Patina-Set in Umbra
- weicher Flachpinsel, Größe 12 und 30
- Rundpinsel, Größe 4
- Geschenkpapier in Blau mit Kreisen
- Découpagekleber
- Streifenband in Blau-Weiß
- Malerkreppband
- Küchentücher
- Cutter und Schere
- Lineal
- Bleistift
- eventuell wetterfester Klarlack

Nostalgische Kleiderbügel

Material

- **Kleiderbügel, ca. 44 cm breit**
- **Acrylfarbe in Dunkelbraun und Weiß**
- **weicher Flachpinsel, Größe 20**
- **Schleifpapier, Körnung 80**
- **Malerkreppband**

zusätzlich für Bügel mit Rose

- **Découpagepapier mit Rosen**
- **Découpagekleber**
- **Découpagelack, seidenmatt**
- **Küchentuch**

zusätzlich für Bügel mit Ranke

- **MDF-Teil: Ranke**
- **Holzleim**
- **Karoband in Blau-Weiß, 1 cm breit, ca. 40 cm lang**

zusätzlich für Bügel mit Punkten

- **Acrylfarbe in Babyrosa**
- **Karoband in Rosa-Weiß, 5 mm breit, ca. 40 cm lang**

1 Schrauben Sie, wenn möglich, den Haken des Kleiderbügels ab. Ist dies nicht möglich, kleben Sie ein Stück Malerkreppband um den Haken, um ihn so vor Farbe zu schützen. Dann bringen Sie beim Bügel mit der Ranke das MDF-Teil mit Holzleim auf.

2 Grundieren Sie die Kleiderbügel mit brauner Acrylfarbe und lassen Sie den Anstrich gut trocknen. Übermalen Sie dann die dunkelbraune Farbe mit Acrylfarbe in Weiß und lassen Sie den Anstrich erneut gut trocknen.

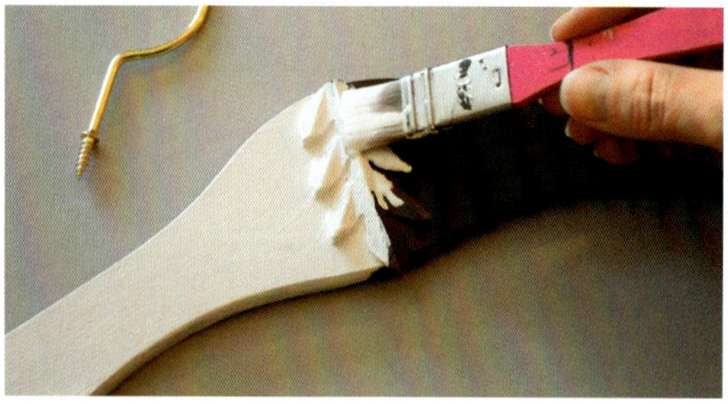

3 Schleifen Sie an den Kanten etwas die weiße Farbe wieder ab, sodass die darunter liegende braune Farbe wieder hervorkommt. Zum Schluss noch leicht über die MDF-Ranke schleifen.

4 Für den Bügel mit Rose schneiden Sie eine Rose aus dem Découpage-Bogen, bringen sie wie auf Seite 30/31 beschrieben auf und überziehen dann den gesamten Bügel mit Découpagelack.

5 Beim dritten Bügel tupfen Sie mithilfe eines Pinselstiels rosa Punkte auf. Nach dem Trocknen gegebenenfalls die Haken wieder einschrauben und die Karobänder umbinden.

Küchentablett und Windlicht

Tablett

1 Verdünnen Sie die weiße Acrylfarbe im Verhältnis 1:1 mit Wasser und grundieren Sie das komplette Tablett damit. Trocknen lassen.

2 Etwas mittelbraune Acrylfarbe stark mit Wasser verdünnen (Mischungsverhältnis ca. 1:4) und mit dem Schwamm an den Kanten aufwischen. Dabei immer nur wenig Farbe mit dem Schwamm aufnehmen und diesen am besten zunächst einige Male auf einem Küchentuch abtupfen. Die überschüssige Farbe auf dem Tablett sofort mit dem Tuch wegwischen.

3 Übertragen Sie nun die Vorlage für die Verzierung mit dem Grafitpapier auf das Tablett und malen Sie das Motiv mit Acrylfarbe auf. Gut trocknen lassen.

4 Als Nächstes das Papier sorgfältig auf die entsprechende Größe der Böden zuschneiden, auf der Rückseite satt mit Découpagekleber einstreichen und auf die Böden kleben. Mit einem Küchentuch den überschüssigen Klebstoff und Bläschen unter dem Papier herausstreichen und sofort wegwischen. Zum Schluss das gesamte Tablett zum Schutz mit Découpagelack überziehen.

Windlicht

1 Das Patina-Medium Seite für Seite mit dem Pinsel gleichmäßig auftragen und mit einem Küchentuch sofort wieder wegwischen. Anschließend den Rosenstempel gleichmäßig auf das Stempelkissen drücken und je drei Rosen auf jeder der langen Seiten aufbringen (siehe Seite 28).

2 Mit dem Schleifpapier nun die Kanten etwas anschleifen, damit das helle Holz teilweise wieder sichtbar wird. Dann das Karoband um die Glasgefäße binden und verknoten. Zum Schluss auf jeden Knoten eine cremefarbene Satinrose kleben.

Material

Tablett

- Landhaustablett aus Holz
- Acrylfarbe in Weiß, Babyblau und Mittelbraun
- weicher Flachpinsel, Größe 30
- dünner Rundpinsel, Größe 2
- Haushaltsschwamm
- Geschenkpapier in Blau mit Kreisen
- Découpagekleber
- Découpagelack, seidenmatt
- Küchentuch
- Grafitpapier
- Kugelschreiber
- Wasser

Windlicht

- Windlichterset mit Holzeinfassung
- Patina-Medium in Kastanie
- Stempelkissen in Cotton White
- Stempel mit Rosenblüte
- weicher Flachpinsel, Größe 20
- weiches Tuch
- Schleifpapier, Körnung 80
- Karoband in Hellblau-Weiß, 1,4 cm breit, 3 x 45 cm lang
- 3 Satinrosen auf Schleife in Creme
- Küchentuch
- Klebstoff

Vorlage auf Seite 62

Material

Schatulle

- Holzschatulle
- Acrylfarbe in Mittelbraun, Mintgrün, Pink und Babyrosa
- weicher Flachpinsel, Größe 20
- Schwamm-Stupfpinsel
- Schablone mit Rosen-ornament
- Schleifpapier, Körnung 80
- Tonpapier in Rosa-Weiß kariert, ca. 23 cm x 33 cm
- doppelseitiges Klebeband
- Malerkreppband
- wiederablösbarer Sprühkleber
- Schraubenzieher
- Schere

Tablett

- Holztablett, ca. 20 cm x 30 cm
- Acrylfarbe in Babyrosa, Mint-grün und Weiß
- Lasur in Ebenholz
- weicher Flachpinsel, Größe 20
- Schwamm-Stupfpinsel
- Schablone mit Rosenmotiv
- Schleifpapier, Körnung 80
- wiederablösbarer Sprühkleber
- Malerkreppband
- Klarlack, matt

Schatulle

1 Zunächst alle Scharniere, Griffe und sonstige Befestigungen der Schatulle entfernen. Dann streichen Sie die äußeren Holzteile mit brauner Acrylfarbe an. Gut trocknen lassen und dann alles mit einer Schicht in Babyrosa übermalen. Wieder gut trocknen lassen.

2 Mit Schleifpapier werden nun alle Ränder und Ecken so weit angeschliffen, dass das Mittelbraun wieder hervorkommt. Danach alle Teile vom Schleifstaub befreien. Dies geht am besten mit einem weichen Pinsel.

3 Schneiden Sie nun das karierte Papier auf die Größe der Fachböden zu und fixieren Sie die einzelnen Einlegeblätter mit doppelseitigem Klebeband in den Fächern.

4 Als Nächstes wird das große Ornament aufgebracht. Fixieren Sie dazu die einzelnen Teile der Schatulle mit Malerkreppband, damit sie nicht verrutschen. Kleben Sie gegebenenfalls einzelne Teile der Schablone mit Malerkreppband ab und fixieren Sie die Schablone auf der Schatulle. Verwenden Sie dazu den Sprühkleber (siehe Seite 29).

5 Nun mit einem Stupfpinsel das Rosenmotiv ausmalen. Die Schablone anschließend vorsichtig entfernen und das aufgebrachte Muster gut trocknen lassen. Dann können Sie nach Wunsch weitere Rosenmotive mit der Schablone auf die Schatulle übertragen.

6 Um dem Rosenmotiv einen Shabby-Look zu geben, wird das Muster leicht mit Schleifpapier bearbeitet. Zum Schluss alle Scharniere, Griffe und sonstigen Befestigungen wieder anschrauben.

Tablett

1 Das Tablett mit der Ebenholz-Lasur gleichmäßig grundieren. Trocknen lassen und anschließend mit weißer Acrylfarbe anstreichen. Erneut gut trocknen lassen.

2 Die Schablone mit Sprühkleber auf dem Tablett fixieren (siehe Seite 29) und zusätzlich mit etwas Malerkreppband festkleben. Dann können Sie die Blüte mit dem Stupfpinsel ausmalen. Die Schablone vorsichtig abziehen und das Motiv gut trocknen lassen.

3 Das Rosenmotiv und das Tablett vorsichtig mit dem Schleifpapier etwas anschleifen und das Tablett zum Schutz anschließend komplett mit Klarlack überziehen.

Stuhl

1 Entfernen Sie die alte Farbe des Gartenstuhls mit dem Heißluftföhn (siehe Seite 21) und säubern Sie ihn gründlich von den entfernten Farbresten. Anschließend grundieren Sie die Holzlatten mit brauner Acrylfarbe und lassen diese gut trocknen.

2 Tragen Sie nun an einigen Stellen den Krakelierlack auf und lassen Sie diesen gut trocknen (siehe Seite 24). Streichen Sie dann die Holzlatten mit wetterfestem Buntlack in Zartblau. Alles gut trocknen lassen und anschließend einige Ecken und Kanten mit Schleifpapier anschleifen, bis die braune Farbe wieder etwas sichtbar wird.

Schild

1 Grundieren Sie zunächst das Holzschild in Dunkelbraun und lassen Sie die Farbe gut trocknen. Bemalen Sie nun das Holzschild mit Acrylfarbe in Meergrün und lassen Sie erneut alles gut trocknen.

2 Anschließend übertragen Sie die Vorlage des Schriftzuges sowie die Verzierungen mit dem Grafitpapier auf das Holzschild und malen die Schrift und die Verzierungen mit dunkelbrauner Acrylfarbe nach.

3 Nachdem die Farbe gut durchgetrocknet ist, werden die Kanten mit Schleifpapier etwas abgeschliffen, bis die dunkelbraune Farbe wieder hervorkommt. Für die Aufhängung den Draht u-förmig biegen, von hinten durch die Löcher stecken und die Enden mit der Rundzange zu Spiralen drehen.

4 Befestigen Sie das Schild mit der Drahtschlaufe am Kranz, z. B. indem Sie es an einen der Weidenäste hängen.

Hinweis

Falls Sie das Schild für draußen verwenden möchten, sollten Sie es zum Schutz vor Umwelteinflüssen mit Klarlack überziehen.

Material

Stuhl

- Gartenstuhl
- Acrylfarbe in Dunkelbraun
- wetterfester Buntlack in Zartblau, seidenmatt
- Krakelierlack
- weicher Flachpinsel, Größe 12 und 40
- Schleifpapier, Körnung 120
- Heißluftföhn und Malerspachtel (alternativ Eck- oder Schwingschleifer)
- Malerkreppband

Schild

- Holzschild, ca. 14 cm x 9 cm
- Acrylfarbe in Dunkelbraun und Meergrün
- weicher Flachpinsel, Größe 12
- dünner Rundpinsel, Größe 0
- Schleifpapier, Körnung 80
- Grafitpapier
- Kugelschreiber
- Steckdraht, ø 0,8 mm, 30 cm lang
- Rundzange
- Weidenkranz, mit Blumengirlande und Karoband dekoriert, ø 25 cm
- eventuell Klarlack, seidenmatt

Vorlage auf Seite 63

Verzierte Holzkisten

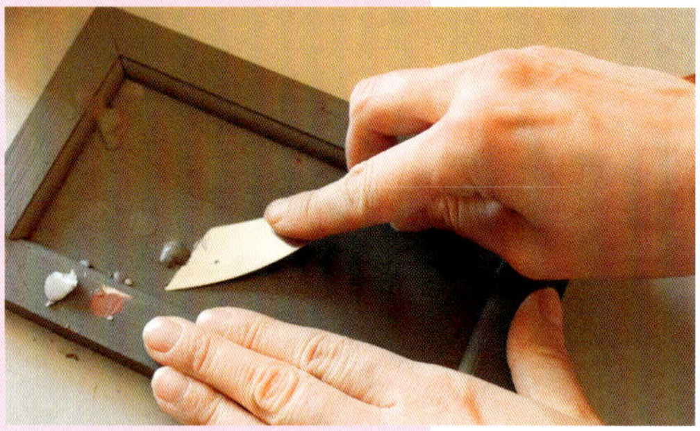

Große Kiste

1 Tragen Sie an einigen Stellen der Kiste Krakelierlack auf und lassen Sie ihn gut trocknen (siehe Seite 24). Anschließend den Deckel mit Acrylfarbe in Babyblau und den Kasten in Elfenbein anstreichen. Gut trocknen lassen.

2 Zunächst das Patina-Medium in Kastanie zügig auf den Kasten auftragen und sofort mit dem weichen Tuch wieder abnehmen. Gehen Sie dabei Seite für Seite vor. Trocknen lassen, dann mit dem weißen Patina-Medium auf dem Deckel ebenso verfahren.

3 Lassen Sie auf den Metallgriffen mit der Eisengrundierung und dem Oxidationsmittel einen Rost-Look entstehen (siehe Seite 25). Das Poesiebild auf den Deckel kleben und nach dem Trocknen ganz vorsichtig mit Schleifpapier anschleifen, damit es etwas abgewetzt aussieht. Zuletzt die Griffe an die Kiste schrauben.

Kleine Kiste

1 Entfernen Sie zunächst alle Metallbeschläge und grundieren Sie das Kästchen von außen in Englisch Rosa. Die Farbe gut trocknen lassen.

2 Nun die Kerze anzünden und das Wachs hin und wieder auftropfen lassen. Dabei können Sie das Wachs an ein paar Stellen etwas verwischen, sodass größere Stellen entstehen.

3 Anschließend das Kästchen innen und außen in Mausgrau grundieren und alles gut trocknen lassen.

4 Schaben Sie zunächst mit dem Spachtel die Wachsflecken ab und bearbeiten Sie dann die Ecken, Kanten und Flächen leicht mit Schleifpapier, sodass die untere Farbe teilweise wieder hervorkommt.

5 Nun wird die Verzierung angebracht. Fertigen Sie dazu aus der dünnen Pappe mithilfe der Vorlage eine Schablone für das Oval an. Befestigen Sie sie mit Malerkreppband mittig auf dem Deckel und malen Sie das Oval mit dem Stupfpinsel in Babyrosa aus. Die Schablone entfernen und die Farbe gut trocknen lassen.

6 Setzten Sie mit einem Pinselstiel rund um das Oval kleine Punkte auf und lassen Sie sie trocknen. Das Poesiebild mittig aufkleben. Sobald der Klebstoff trocken ist, überziehen Sie das gesamte Kästchen gleichmäßig mit der Firnis. Nach dem Trocknen wird das Kästchen wieder zusammengefügt.

Hinweis

Achten Sie beim Ausmalen der Schablone darauf, dass diese plan auf dem Deckel liegt, damit keine Farbe unter die Pappe laufen kann.

Material

Große Kiste

- Holzbox, ca. 34 cm x 7 cm x 13 cm
- Acrylfarbe in Elfenbein und Babyblau
- Patina-Medium in Kastanie und Weiß
- Rost-Finish Eisengrundierung
- Rost-Finish Oxidationsmittel
- Krakelierlack
- weicher Flachpinsel, Größe 40
- weiches Tuch
- Schleifpapier, Körnung 80
- 2 Metallgriffe mit Schrauben
- Schraubenzieher
- Poesiebild: Rosen
- Klebstoff

Kleine Kiste

- Holzkästchen, ca. 20 cm x 12 cm x 5,5 cm
- Acrylfarbe in Babyrosa, Englisch Rosa und Mausgrau
- Firniss, seidenmatt
- Schwamm-Stupfpinsel
- weicher Flachpinsel, Größe 20
- Schleifpapier, Körnung 120
- Kerze
- Malerspachtel
- Cutter
- dünne Pappe
- Malerkreppband
- Poesiebild: Rosen
- Klebstoff

Vorlage auf Seite 62

Tischchen und Krüge

Tischchen

1 Schleifen Sie das komplette Möbelstück gründlich an und entfernen Sie den Schleifstaub mit einem Besen aus allen Poren. Kleben Sie dann zum Schutz die Unterseite der Platte mit Malerkreppband ab, damit keine Patina an diese Stelle kommt.

2 Bestreichen Sie nun alle Teile außer der Tischplatte mit Patina-Medium. Arbeiten Sie hierbei Stück für Stück und wischen Sie das aufgetragene Medium sofort mit einem weichen Tuch wieder ab.

3 Nachdem die Patina gut durchgetrocknet ist, werden die Tischplatte und der Schubladenknopf mit Lacklasur in Weiß gestrichen. Zum Schutz auch hier wieder mit Malerkreppband die angrenzenden patinierten Stellen schützen. Trocknen lassen.

4 Mit Schleifpapier die Kanten etwas anschleifen, dann das komplette Möbelstück zum Schutz mit Antikwachs gleichmäßig einstreichen und das Wachs über Nacht trocknen lassen.

Krüge

1 Damit die Keramikfarbe und das Serviettenmotiv gut auf den Krügen halten, müssen diese zunächst gründlich mit einem mit Spiritus getränkten Tuch abgewischt werden.

2 Schneiden Sie die Serviettenmotive aus und streichen Sie die gewünschte Stelle der Krüge dünn mit dem Porzellan-Serviettenkleber ein. Positionieren Sie die oberste bedruckte Serviettenlage der Motive darauf und überstreichen Sie diese vollständig mit dem Serviettenkleber. Dies geht am besten, wenn Sie von der Mitte nach außen streichen. Trocknen lassen.

3 Verzieren Sie nun die Krüge. Stupfen Sie dazu beim großen Krug mit dem Pinselstiel rosa Punkte auf. Beim kleinen Krug malen Sie die obere Kante mit Violett nach. Lassen Sie alles ein paar Stunden trocknen.

4 Um die Keramikfarbe und das Serviettenmotiv zu fixieren, müssen diese im Backofen laut Herstellerangaben eingebrannt werden. Zum Schluss binden Sie das Karoband um die Krüge zur Schleife.

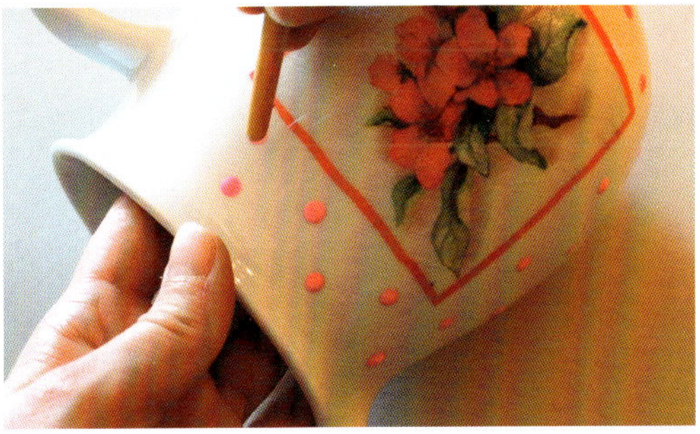

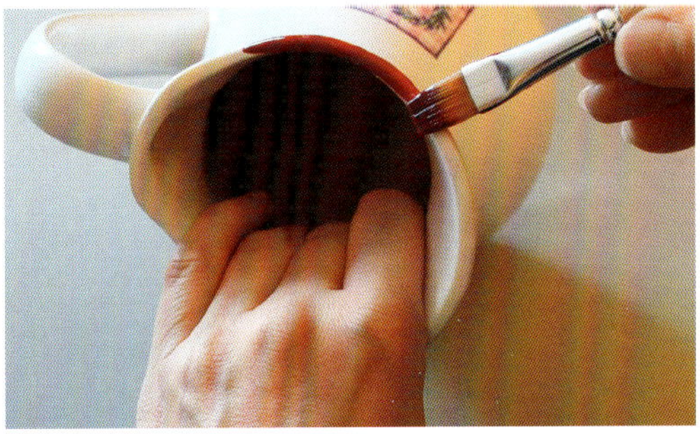

Material

Tischchen

- kleiner Beistelltisch, ca. 55 cm breit und 72 cm hoch
- Lacklasur für Holz in Weiß
- Patina-Medium in Walnuss
- Antikwachs
- weicher Flachpinsel, Größe 40
- weiches Tuch
- Schleifpapier, Körnung 120, oder Winkelschleifer
- Malerkreppband

Krüge

- 2 Porzellankrüge, 13 cm und 16 cm hoch
- Keramikfarbe in Rosa und rötlich Violett
- Serviettenkleber für Porzellan
- weicher Pinsel, Größe 14
- Spiritus
- Küchentuch
- 2 Serviettenmotive: Blüte und Lavendelherz
- Karoband in Blau-Weiß und Rosa-Weiß, 1,4 cm breit, je ca. 80 cm lang

Rostiges Metallschild

Material

- Metallschild, ca. 30 cm x 20 cm
- Acrylfarbe in Indisch Türkis und Weiß
- Rost-Finish Eisengrundierung
- Rost-Finish Oxidationsmittel
- Schwamm-Stupfpinsel
- weicher Flachpinsel, Größe 20
- dünner Rundpinsel, Größe 2
- Décopatch®- Papier mit Dame im Jugendstil
- Décopatch®- Kleber
- Découpage- oder Silhouettenschere
- Grafitpapier
- Kugelschreiber
- Klarlack

Vorlage auf Seite 62

1 Grundieren Sie zuerst das Schild mit dem Stupfpinsel deckend in Türkis und lassen Sie die Farbe gut trocknen. Nun am Rand eine Schicht Eisengrundierung aufbringen und gut trocknen lassen. Anschließend eine zweite Schicht auftragen und zwölf Stunden trocknen lassen.

2 Nun wird das Oxidationsmittel aufgetragen. Lassen Sie dieses mindestens zwei Stunden trocknen und wiederholen Sie dann die Anwendung so oft, bis der gewünschte Effekt erzielt ist.

3 Bemalen Sie nun das Décopatch®- Motiv auf der Rückseite mit weißer Acrylfarbe und bringen Sie es wie auf Seite 30/31 beschrieben auf.

4 Den Schriftzug mit dem Grafitpapier auf das Blechschild übertragen und mit dem dünnen Rundpinsel und weißer Acrylfarbe aufmalen. Sobald die Farbe getrocknet ist, überziehen Sie das gesamte Schild zum Schutz mit Klarlack.

Beauty Salon
de Paris

Zuschauen und lernen

Kratzer, abgeplatzte Farbe, etwas Rost und die eine oder andere Schramme geben den Möbelstücken und Wohnaccessoires im Shabby Chic ihren ganz persönlichen Stil. Um diesen Effekt bei eigenen Einrichtungsgegenständen und Dekorationen zu erzielen, gibt es eine ganze Reihe von Techniken. Manche sind leicht erklärt, manche sind etwas komplizierter. Auf der DVD können Sie Patricia Morgenthaler beim Arbeiten mit den verschiedensten Techniken über die Schulter schauen.

Lernen Sie, wie der Untergrund vorbereitet wird und warum dies für den anschließenden Farbauftrag wichtig ist. Schauen Sie zu, wie mit Farben und Lacken gearbeitet wird und wie dadurch einzigartige Effekte erzielt werden. Und lassen Sie sich zeigen, wie Sie anschließend durch das partielle Abtragen der Farbe oder das Aufbringen von Verzierungen noch mehr interessante Effekte erzielen können.

Die Techniken im Überblick

Oberflächen vorbereiten

Alte Lacke müssen vor einem neuen Anstrich entfernt werden. Aber auch unbehandelte Holzoberflächen müssen geglättet und eventuell etwas angeraut werden, damit sie die Farbe gut aufnehmen können.

- Abschleifen
- Lacke entfernen mit dem Heißluftföhn

Mit Lacken und Farben gestalten

Ein farbiger Anstrich ist die Grundlage. Doch es gibt auch Spezialmedien, mit denen sehr anschauliche Ergebnisse erzielt werden können.

- Lasieren
- Patinieren
- Krakelieren
- Rost-Effekt

Farbe abtragen

Macken, Schrammen und Abnutzungsspuren an Ecken, Kanten und auf Flächen können mit verschiedenen Techniken erzielt werden.

- Effekte mit Schleifpapier
- Effekte mit dem Cutter
- Effekte mit der Stahlbürste

Verzierungen anbringen

Verzierungen geben Ihren Werken den letzten Schliff. Besonders beliebt sind im Shabby Chic vor allem dekorative Rosen. Diese, aber auch andere Muster und Motive, können Sie mithilfe verschiedener Techniken aufbringen.

- Découpage-Technik
- Schablonieren
- Stempeln

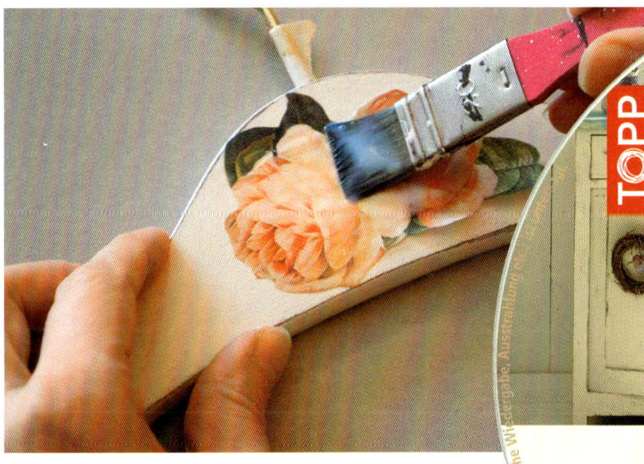

Blaue Schachtel
Seite 36

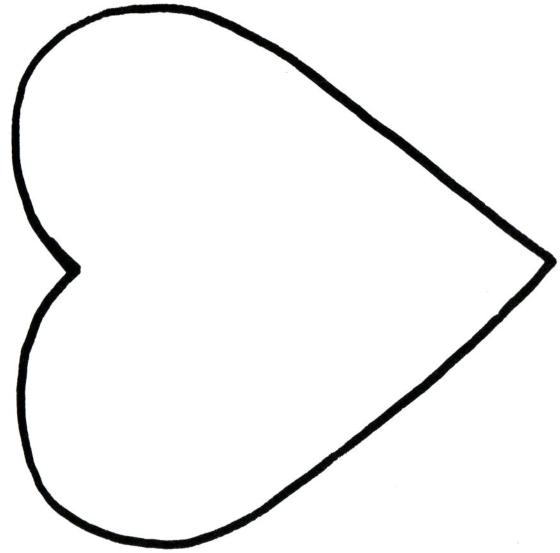

Metallschild
Seite 58

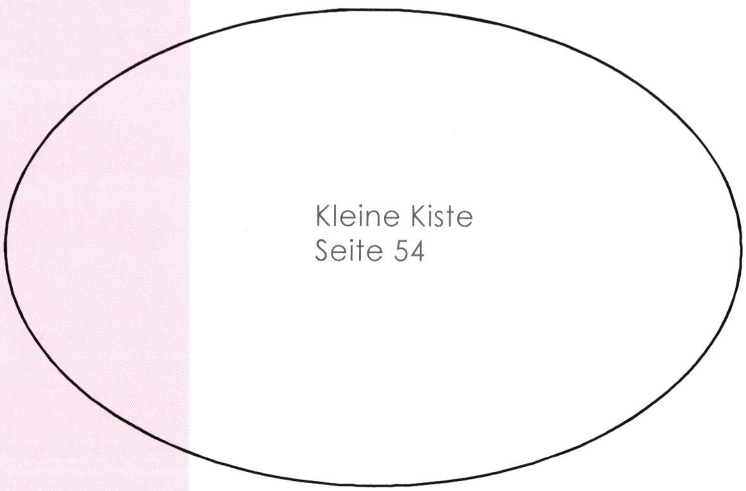

Kleine Kiste
Seite 54

Küchentablett
Seite 48

Körbe mit Henkeln
Seite 38

Schild
Seite 52

Die Autorin

Patricia Morgenthaler, geboren am 25. Februar 1972 in Frankfurt am Main, lebt mit Ihrem Lebenspartner und ihren zwei Katzen in der Nähe von Schwäbisch Gmünd auf der schönen Ostalb. Sie studierte Marketing sowie Interior Design in Darmstadt und Wiesbaden.

Im Jahr 2006 eröffnete Sie ihr eigenes Atelier und arbeitet seitdem als freiberufliche Designerin mit eigenem Onlineshop. Unter www.rosenfee.com bietet Sie ihre mit viel Liebe handgefertigten Wohnaccessoires, Schlüsselanhänger, Handtaschen und vieles mehr an. Des Weiteren ist Sie bereits seit vielen Jahren als Dozentin im Bereich Kunst und Kultur tätig.

Danke!
Ganz herzlich möchte ich mich bei den Firmen Gütermann creativ–KnorrPrandell in Lichtenfels, Rayher Hobby in Laupheim, Marabu in Bietigheim-Bissingen und bei Renate Scholz von Kunterbunt – Geschenke und mehr in Spraitbach für die freundliche Unterstützung mit Materialien bedanken.

IMPRESSUM

FOTOS: frechverlag GmbH, 70499 Stuttgart; Patricia Morgenthaler (Schrittbilder), lichtpunkt, Michael Ruder, Stuttgart (alle übrigen Fotos)
PROJEKTMANAGEMENT UND LEKTORAT: Susanne Pypke
GESTALTUNG UMSCHLAG UND INHALT: Katrin Röhlig
DRUCK UND BINDUNG: Grafisches Centrum Cuno GmbH & Co. KG, Calbe
FILMPRODUKTION: teamWerk. Die FilmProduktion GmbH, Stuttgart

4. Auflage 2012

ISBN 978-3-7724-5528-5
Best.-Nr. 5528